AF360311

RÉFLEXIONS

SUR LA FÊTE

DU 21 JANVIER, (*v. st.*)

Que dans l'effervescence de la premiere année, qui suivit le supplice du dernier de nos rois, on ait célébré la honteuse fête du 21 janvier, je m'en étonne peu. Mais que cet étrange anniversaire ait obtenu tous les ans les honneurs du triomphe jusques dans le sanctuaire des loix, c'est, je l'avoue, ce qui me paroît inconcevable. Viendra-t-il de nouveau souiller les mœurs publiques et affliger nos regards ? Finira-t-il par se naturaliser dans la république françoise , par se faire assigner une place fixe dans nos institutions ? Je n'en sais rien, mais je le crains. C'est pour prévenir le retour d'un pareil scandale que je voudrois armer l'opinion publique.

Je ne crains pas qu'on me demande de quel droit, moi citoyen obscur, je prends la plume, pour censurer ce qui a déja plus d'une fois obtenu les applaudissemens du peuple françois. Le titre de ma vocation est dans mon amour pour

A

ma patrie. Puis-je la chérir sincèrement, et ne pas m'affliger de ce qui la déshonore ? Et de quoi lui serviroit ma stérile douleur, si, content de gémir en secret de son opprobre, je ne dénonçois au législateur lui-même et au gouvernement, une fête ignominieuse et funeste, qui n'est propre qu'à dépraver la morale publique, et qu'à faire de la France un objet d'horreur pour tous les peuples de la terre ?

« On avoit vu, disoit n'aguere un de nos légis-
» lateurs, sur des rives sauvages des cannibales
» attacher les vaincus à des arbres, et danser au-
» tour de leur proie : mais vit-on jamais, chez
» aucun peuple, FÊTER LE SUPPLICE, et dan-
» ser autour des cadavres qui tombent de l'é-
» chafaud ? Cet affreux plaisir n'est digne que de
» Fréron (1) ».

Sans doute Isnard a raison de chercher chez les cannibales et sur des rives sauvages, des exemples d'une aussi horrible férocité, que celle qui danse autour des ennemis vaincus, qu'elle va égorger et dévorer. Mais à quoi pense-t-il de nous donner pour un acte de barbarie, inoui jusqu'ici chez tous les peuples du monde, *de fêter le supplice* ? A-t-il donc oublié que le 21 janvier

____

(1) Isnard, membre du Conseil des Cinq Cents, à Fréron.

tout un grand peuple, d'après les décrets du corps législatif, et les ordres exprès du gouvernement, est obligé ou invité à fêter le supplice du dernier roi des François ? C'est à ce représentant une étonnante distraction de traiter d'*affreuse*, de spectacle horrible, qui feroit frémir les peuples les plus dépravés, les sauvages les plus inhumains, une pompe commandée, exécutée, exaltée par la nation françoise, par ses représentans du moins et ses organes.

En vain, pour couvrir ce que la fête du 21 janvier a d'odieux et de barbare, un contradicteur de mauvaise foi viendroit nous dire, qu'elle est uniquement destinée à célébrer l'abolition de la royauté, et l'établissement de la république. Qui ne sait que ce fut, non le 21 janvier, mais le 21 septembre précédent, que la Convention abattit le trône, et que la république remplaça la monarchie ? Aussi est-ce à l'équinoxe d'automne qu'on a fixé la fête destinée à perpétuer le souvenir de ces deux mémorables événemens.

Ce n'est donc ni pour vouer une haine éternelle à la royauté, qui n'existoit plus au 21 janvier ; ni pour célébrer la fondation de la république, établie et proclamée plusieurs mois auparavant, qu'a été instituée l'ignominieuse fête, qui a déja plus d'une fois flétri l'époque dont je parle.

Il ne reste pour objet à cette pompe révoltante, que la condamnation et la mort du dernier de nos rois.

Or, une pareille institution ne peut que déshonorer le peuple françois. Je la dénonce également et aux bouillans républicains, pour qui l'exagération en tout genre a de puissans attraits; et aux citoyens modérés, qui, au plus pur patriotisme savent joindre les conseils de la sagesse et le calme de la raison. Elle doit faire horreur aux esprits toujours irrités, qui croient que Louis XVI avoit trahi la patrie, violé les loix fondamentales du pacte social, médité la ruine de la liberté publique, mérité de perdre et la couronne et la vie, tout comme aux raisonneurs de bonne foi, qui auroient là-dessus une opinion différente, mais sans troubler en rien l'ordre public, ni douter un instant des droits d'une nation sur la forme de son gouvernement. Je la leur dénonce à tous comme un outrage signalé fait à l'humanité, comme un attentat contre la morale publique, comme une faute énorme contre les regles d'une sage politique.

' Quelle horreur, disoit le Cicéron du quatrieme siecle, quel indigne oubli des saintes loix de l'humanité, quelle dépravation de tous les sentimens de la nature, que de se faire un jeu, un sujet de réjouissance, une fête, en un mot, de

voir couler le sang humain ! Se livrer à cet in‑
digne sentiment, c'est être plus pervers que le
criminel même, dont la tête tombe sous le fer du
bourreau (1).

Mais, direz‑vous, le condamné qui monte
sur l'échafaud, est coupable et mérite la mort.
Je le veux ; en est‑il, pour cela, moins cer‑
tain, qu'il y a une indignité révoltante, un
monstrueux renversement de tous les sentimens
que mit en nous l'auteur de la nature, un
crime enfin à voir avec complaisance cet infor‑
tuné périr d'une mort ignominieuse et cruelle (2)?

Il faut bien, qui en doute, que les violateurs
des loix, que les perturbateurs de la société,
que les ennemis de l'état, que les conspirateurs
expient leurs forfaits, puisqu'on ne peut les
épargner sans mettre en péril la chose publi‑
que. L'impunité enhardit les méchans et mul‑
tiplie leurs attentats. Mais c'est un autre prin‑
cipe non moins évident, que l'homme de bien

---

(1) Hos ludos vocant, in quibus humanus sanguis
effunditur, adeó longè ab hominibus secessit humani‑
tas, ut cùm animas hominum interficiant, ludere se opi‑
nentur, nocentiores iis omnibus quorum sanguinem volup‑
tati habent. *Lact. Div. Inst. L. VI, C.* 20.

(2) Qui hominem, quamvis ob merita damnatum, in
conspectu suo jugulari pro voluptate computat, conscien‑
tiam suam polluit. *Ibid.*

ne peut en aucun cas se réjouir de la mort de son semblable. Il frémiroit d'ouvrir son cœur à cette joie lâche et féroce. Que dis-je? Il s'afflige amèrement de ce que son frere s'est égaré ou dépravé au point de mériter le dernier supplice (1).

Pourquoi hésiterois-je à le dire, puisque l'humanité elle-même en fait un devoir? Il n'y a jamais eu, il n'y aura jamais de scélérat, dont le supplice puisse réjouir un cœur vertueux et honnête. Que la tyrannie d'un Robespierre soit abattue; que cette furie et ses complices, les Lebon et les Carrier soient pour toujours réduits à l'impuissance de désoler leur patrie, de dévorer leurs semblables, c'est un triomphe pour toute la nature. Qu'on étouffe même ces monstres, s'il est à craindre qu'ils ne brisent leur chaîne, que leur incurable dépravation ne les entraîne à de nouveaux forfaits, et n'expose la patrie à de plus grands périls : c'est un sacrifice que la justice commande. L'humanité même souscrit à ses arrêts quoiqu'en pleurant. Mais faire du supplice de ces malheureux un spec-

---

(1) Bonum est cùm perimuntur nocentes : quis hoc nisi nocens negabit? Et tamen innocens de supplicio alterius lætari non potest, cùm magis competat innocenti dolere, quod homo par ejus tam nocens factus est, ut tam crudeliter impendatur. *Tertul. de Spectac. C. 19.*

tacle de joie ; mais commander à la multitude de voir avec des transports d'alégresse l'effusion du sang, même le plus impur, encore une fois c'est offenser l'humanité, c'est fouler aux pieds tous les sentimens de la nature. Pour peu qu'on écoute sa douce voix, la consternation et un morne silence regnent de toutes parts, quand on mene à la mort les coupables qui l'ont méritée, même les plus pervers, et qui sont jugés tels par l'opinion publique, autant que par les arrêts des tribunaux.

Eh! peut-on en douter, si l'on envisage un moment les rapports qui lient entr'elles toutes les parties de la société civile? A cet égard, il en est des corps politiques comme du corps naturel. Or, dans un corps bien organisé, et qui obéit aux inspirations de la nature, tous les membres sont unis entr'eux par une mutuelle bienveillance. Le bien ou le mal d'un seul est sensible à tous les autres. Ce principe consolateur n'a, j'en conviens, un sens parfait et sublime que dans la religion ; mais il ne laisse pas d'être exactement vrai et de la plus haute importance dans l'ordre de la nature, et à l'égard des sociétés politiques. Chacune d'elles est une grande famille, ou plutôt un seul et même corps, où les biens et les maux sont communs et solidaires. Tant qu'elles n'ont oublié ni leur consti-

tution primitive, ni leur immuable destination; tant que la dépravation n'en a ni rompu les liens ni dénaturé les sentimens, on peut dire d'elles comme du corps naturel, que « tous les mem-
» bres conspirent mutuellement à s'entraider les
» uns les autres : ensorte que si l'un des mem-
» bres souffre, tous les autres souffrent avec
» lui (1) ». La voilà peinte d'un seul trait et au naturel, cette sainte fraternité si pompeusement proclamée dans nos écrits, mais si indignement et si universellement profanée par nos œuvres.

Suivons encore un moment la même comparaison : si dans le corps naturel tous les membres étoient doués d'un sentiment, et avoient chacun leur volonté à part, pourroient-ils bien se réjouir de ce que l'amputation de l'un d'entr'eux auroit été jugée indispensable ? Le jour où cette cruelle opération auroit été consommée, seroit-il pour tout le corps un jour de fête et de triomphe ? Si le chef avoit été abattu, et que le corps eût pu lui survivre, celui-ci feroit-il, pour perpétuer et transmettre le souvenir de cette déplorable extrémité, un anniversaire de réjouissance ? Ah ! plutôt ce jour funeste seroit pour lui à jamais un jour de douleur et de deuil.

____

(1) 1 Cor. XII, 26.

Sans doute le corps fait le sacrifice de l'un de ses membres, quand il n'a pas d'autre moyen de se sauver lui-même ; mais ce sacrifice n'en est pas moins douloureux, parce qu'il est nécessaire (1).

Si, agités par des mouvemens convulsifs et déréglés, les membres se réjouissoient de voir tomber l'un d'eux, sous le fer de l'opérateur ; si cette sanglante exécution étoit pour eux un spectacle délicieux, et une époque de gloire, qui de nous n'auroit horreur d'un tel renversement de la nature ? Et une monstruosité, qui, dans le corps humain, feroit frémir tous les spectateurs, nous la transformerions en devoir, en mérite, en vertu dans le corps politique ? Ah ! loin de ma patrie une telle démence, une si aveugle fureur ! Hâtez-vous donc, législateurs et gouvernans, de proscrire à jamais l'horrible fête du 21 janvier. Fixer à cette époque l'abolition de l'ancien régime, c'est confondre les événemens, et démentir les faits les plus notoires. Lier l'établissement de la république à la terrible catastrophe, dont ce jour rappelle le souvenir ; et consacrer le tout par une fête publique, c'est, sans le vouloir, exposer notre nouveau gouverne-

---

(1) Cum dolore amputatur etiam quæ putruit pars corporis.... (civis) affectus boni est, quod sanari non potest, cum dolore abscindere. *Amb. de Offic.* L. 2.

ment au mépris et à l'exécration de quicon-
que révere les saintes loix de l'humanité et de la
nature.

Nous rougissons, et avec raison , des époques
malheureuses de la révolution , où enivrée de je
ne sais quelle vapeur détestable sortie des en-
fers , une multitude féroce applaudissoit avec
transport au supplice de tant d'infortunés que
la tyrannie traînoit à l'échafaud. Que ne don-
nerions-nous pas pour effacer de tous les souvenirs , ces jours désastreux où des têtes sanglantes exposées par l'exécuteur aux regards homi-
cides d'une populace en fureur , étoient pour elle
un triomphe , un ravissant spectacle ? Revenu de
cette horrible frénésie , le peuple commence à
rentrer en lui-même , et à détester l'infâme plaisir qu'il savoura long-temps en voyant couler
à grands flots le sang des hommes. Ah ! si la vraie
morale , je parle de celle dont la religion est la
base , la regle et le motif (1) , rentre un jour
dans son cœur , combien il maudira les meneurs
et les factieux de toutes les bannieres , qui l'ont

____

(1) On a mille fois démontré que tous ces vains décla-
mateurs , qui nous parlent de morale en repoussant la
religion , sont ou des sots qui ne savent ce qu'ils disent ,
ou de coupables jongleurs qui disent le contraire de ce
qu'ils pensent.

durant tant d'années , si cruellement égaré , dépravé, déshonoré , en lui présentant à tout moment , comme des jouissances , les fureurs de Médée et le festin de Thyeste !

Mais n'est-ce pas s'opposer à cet heureux retour du peuple aux loix de la nature , et , autant qu'il est en nous , entretenir dans tous les cœurs, la stupide atrocité , qui avoit si fort décrié le nom françois chez les autres nations , que de célébrer avec pompe l'anniversaire du supplice du dernier de nos rois ? Est-ce en offrant tous les ans à l'alégresse publique un corps palpitant et mutilé , en consacrant par des fêtes une barbarie digne à peine des hordes sauvages, que vous rendrez à la multitude des mœurs douces , et au peuple françois son antique caractere ? Loin de nous une fête exécrable , où l'autel est l'échafaud ; le sacrificateur , un bourreau ; la victime , une tête coupée ; et où les initiés pleins d'une fureur délirante sont arrosés de sang humain ! A ce funeste spectacle un druide même eût reculé d'horreur.

Sans doute la nation eut le droit qu'elle ne peut perdre qu'en cessant d'exister , celui de changer la forme de son gouvernement. Il lui a plu d'abolir la monarchie , et de s'organiser en republique. Elle se promet de sa nouvelle constitution plus de paix , plus de liberté, plus de grandeur, plus de prospérité, qu'elle n'en eût jamais sous les Louis XII, sous les Louis IX, sous les Charlemagne. Fasse le ciel que l'événement réponde à son attente! Eh bien! qu'on célebre d'année en année la mémoire d'une aussi étonnante révolution, en travaillant de bonne foi à faire oublier les impiétés horribles, les forfaits inouis, les épouvantables malheurs, qui en ont troublé et souillé les premieres époques.

Mais que peut-il revenir à la patrie de gloire ou de bonheur, de rétracer tous les ans aux yeux ou à l'imagination d'une multitude trop long-temps familiarisée avec le meurtre et le carnage, le glaçant spectacle d'une tête tranchée par le fer du bourreau? Qui ne voit qu'une pareille fête est une école publique de cruauté? Elle apprend aux françois à s'aguerrir contre les plus douces inspirations de la nature, à braver ses plus saintes loix, à devenir ou à rester barbares sans honte et sans remords.

Sous ce point de vue la fête du 21 janvier est de la plus révoltante immoralité. De tous les sentimens que mit au fond de nos cœurs le pere commun du genre-humain, le plus intime, le plus universel, le plus précieux, est ce mal-aise, ce saisissement douloureux, ce frémissement involontaire, qu'éprouve notre ame à la vue du sang répandu, d'un corps palpitant et déchiré, d'un homme expirant dans les angoisses d'une mort violente. L'horreur que nous cause un si affligeant spectacle, est la plus forte de toutes les sauve-gardes contre le meurtre et les fureurs de la vengeance. Ce n'est qu'à force de crimes et d'attentats, que quelques êtres brutaux arrivent au point de plonger froidement leurs mains dans le sang de leurs freres. Heureusement pour le genre-humain, un tel excès de dépravation et de férocité sera toujours fort rare. C'est donc un grand délit contre la morale et contre l'humanité que de briser un frein si nécessaire au repos de la société, de détruire une salutaire barriere, qui a prévenu plus de meurtres que les roues et les gibets (1).

Or, y eût-il jamais, pour dénaturer ou étouffer un sentiment si sacré et si nécessaire, de moyen plus efficace que de *fêter le supplice*, que de rappeller avec complaisance à tous les souvenirs, par des proclamations générales et par des fêtes solemnelles, l'effusion du sang humain, que de ramasser, pour ainsi dire, toute

---

(1) Ils furent bien aveugles, ou bien ennemis de leur pays, ces législateurs d'un jour, qui, par la plus extravagante philantropie, profanoient l'égalité, et applanissoient les voies au crime, en voulant réhabiliter et presqu'ennoblir dans l'opinion publique le ministere du bourreau.

la nation autour de l'échafaud , que de commander les applaudissemens et l'alégresse pour un spectacle qui afflige si sensiblement la nature , que de transformer en un jour de réjouissance générale , celui où le corps politique livra son chef à la mort (1) ?

La fête du 21 janvier est donc un crime de leze-humanité au premier chef, une horrible insulte faite à la morale publique. « Il y a , dit
» Rousseau, un autre principe , qui ayant été
» donné à l'homme pour adoucir, en certaines
» circonstances, la férocité de son amour-propre,
» tempere l'ardeur qu'il a pour son bien-être ,
» par une répugnance innée à voir souffrir son
» semblable. Je ne crois pas avoir aucune con-
» tradiction à craindre , en accordant à l'homme
» la seule vertu naturelle qu'ait été forcé de
» reconnoître le détracteur le plus outré des
» vertus humaines : je parle de la pitié , dis-
» position convenable à des êtres aussi foibles ,

----

(1) Quelques lecteurs diront ici , que loin de ratifier et d'approuver ce que prétendoit faire en son nom une foible majorité dans la Convention , le peuple françois eut horreur de la résolution féroce qui fit monter Louis XVI sur l'échafaud. Mais une pareille discussion , désormais inutile , est de plus absolument étrangere à mon sujet. Que la mort de cet infortuné monarque ait été juste ou non , la fête du 21 janvier n'en est pas moins une abomination.

,, et sujets à autant de maux que nous le sommes;
,, vertu d'autant plus universelle , et d'autant plus
,, utile à l'homme , qu'elle précede en lui l'usage
,, de toute réflexion ; et si naturelle que les bêtes
,, mêmes en donnent quelquefois des signes sen-
,, sibles. On observe tous les jours la répugnance
,, qu'ont les chevaux de fouleraux pieds un corps
,, vivant. Un animal ne passe point sans inquiétude
,, auprès d'un animal mort de son espece. Les
,, tristes mugissemens du bétail entrant dans
,, une boucherie , annoncent l'impression qu'il
,, reçoit de l'horrible spectacle qui le frappe:...
,, Tel est le pur mouvement de la nature ,
,, antérieur à toute réflexion. Telle est la force
,, de la pitié naturelle , que les mœurs les plus
,, dépravées ont encore peine à détruire. Les
,, hommes n'eussent jamais été que des mons-
,, tres , si la nature ne leur eût donné la pitié
,, à l'appui de la raison. De cette seule qua-
,, lité découlent toutes les vertus sociales. En
,, effet , qu'est-ce que la générosité , la clé-
,, mence , l'humanité , sinon la pitié appliquée
,, aux foibles, aux coupables, ou à l'espece hu-
,, maine en général (1) ,, ?

Si l'auteur du *Contrat Social* siégeoit parmi

-----

(1) Disc. sur l'or. et les fondemens de l'inég. pag. 96 et
suiv.

nos législateurs, et que l'un d'eux, en sa pré-
sence, osât proposer de célébrer par des fêtes
le supplice d'un homme, même le plus coupable, et légalement convaincu de mériter la
mort; de consacrer un jour tous les ans pour
rappeller le souvenir de celui où sa tête tomba
de l'échafaud ; de commander au peuple françois d'éclater par des transports de joie à la vue
de cet horrible spectacle : y pensez-vous, s'é-
crieroit Rousseau avec l'accent de la plus vive
indignation, de proposer une si étrange mesure?
Elle ne peut prévaloir sans annoncer que la
nation françoise est parvenue au dernier pé-
riode de la *dépravation*, que ce n'est plus
qu'une horde de cannibales, ou qu'un repaire
de monstres, en qui est éteint tout sentiment de
pitié.

Quoi! instruite et mue par la nature, la brute
même ne peut, sans frémir, voir un animal de
son espece égorgé ou près de l'être ; et vous,
après avoir, par un inconcevable décret, dressé
l'échafaud dans toutes les imaginations, vous
voulez que tout un peuple vienne danser autour
de cet instrument de mort ; que plus sourd aux
cris de la nature, plus impitoyable et plus cruel
que les bêtes sauvages, il contemple sans émo-
tion, ou plutôt avec un farouche enthousiasme,
un corps mutilé et une tête sanglante ; que cette
horrible

horrible férocité , inconnue dans les forêts , soit consacrée par une fête générale, et devienne dans la nation un sentiment héréditaire! La postérité croira-t-elle que nous ayions été capables d'un si atroce délire ?

Combien il eût fait horreur à ce fameux roi de Sparte , qui , après une signalée victoire remportée sur les ennemis de la patrie , la douleur sur le front , le cœur suffoqué , dit Plutarque, de soupirs et de sanglots, contemple dans un morne silence le champ de bataille couvert de morts et abreuvé de sang humain (1)! Voudrions-nous donc ressembler à cet autre roi fourbe et parjure , à cet oppresseur inquiet et turbulent, dont l'insatiable ambition fit tant de maux à la Grece ? Après la célebre victoire de Chéronée, également ivre de joie et de vin , Philippe se transporte sur le champ de bataille ; là il insulte à tous ces morts dont la terre étoit jonchée. Sa lâche cruauté fait horreur à tout ce qui l'entoure ; il finit par rougir de lui-même. Mais n'y a-t-il pas plus de lâcheté cent fois , plus de bassesse, plus de barbarie à environner l'échafaud pour applaudir au supplice d'un ennemi vaincu sans combat ? Nous nous croyons peut-être en cela autant

____

(1) Agesil. apud Plutarch. in Lacon. Apophteg.

B

d'Agamemnons, et nous ne sommes que de vils Thersites (1).

Qui de nous peut se défendre d'un mouvement d'indignation et de mépris, en lisant dans l'histoire du peuple le plus vanté, ces horribles combats de gladiateurs, où une multitude aveugle et corrompue, se faisoit un divertissement et un jeu cruel de voir couler à flots le sang humain ? Mais de quel droit traiterions-nous ce spectacle de barbare, tant que nous conserverons dans nos institutions une fête, dont le but principal ou unique, est de retracer avec complaisance aux yeux des spectateurs, de proposer comme un objet d'alégresse publique, le supplice de notre dernier monarque ?

Qu'il me soit permis de rappeller en passant un trait que nous offre l'histoire de cette cité fameuse, qui, en tout genre, donna de si beaux

____

(1) Il n'y eut personne qui ne fut choqué de voir le prince se déshonorer lui-même et flétrir sa gloire par une bassesse si indigne d'un roi et d'un vainqueur ; mais tous gardoient le silence. L'orateur Démade, du nombre des prisonniers, fut le seul qui osât lui en faire sentir l'indécence. *Eh ! seigneur*, lui dit-il, *la fortune vous ayant donné le rôle d'Agamemnon, comment ne rougissez-vous point de jouer celui de Thersite ?* Cette parole pleine d'une ingénieuse liberté, lui ouvrit les yeux, et le fit rentrer en lui-même. *Hist. Anc. t. VI, p.* 140.

exemples aux contemporains et à la postérité. Des orateurs insensés ou envieux de la gloire d'Athenes, osent lui proposer de faire entrer dans ses institutions ces affreux amusemens , où, pour divertir un peuple dépravé, des hommes s'entre-gorgent de sang-froid , ou se font déchirer par des bêtes féroces. Cette infamie alloit prévaloir , et souiller la patrie d'Aristide , lorsque du milieu de l'assemblée , s'éleve soudain une voix courageuse : *Renversez donc auparavant l'autel que nos peres , il y a plus de mille ans, ont érigé à la miséricorde* (1). Il n'en fallut pas davantage pour repousser cette institution sanguinaire.

Si , dans le corps législatif , un orateur inconsidéré avoit le déplorable courage de proposer encore une fois la fête déshonorante que je dénonce à la morale et à l'humanité, il s'y trouvera aussi, je l'espere , un *Demonax* assez humain , assez ami de sa patrie, pour s'écrier dans sa vertueuse indignation : Etouffez donc auparavant dans le cœur du peuple françois les sentimens de la nature ; renoncez au projet et à l'espoir de ramener jamais la multitude aux vrais principes de la morale ; consentez qu'une nation , si

____

(1) Ce fut le philosophe Demonax qui parla ainsi dans l'assemblée du peuple. *Lucian. in vit. Demon.*

long-temps renommée pour sa douceur et son humanité , ne soit signalée désormais que par son penchant pour le carnage ; que ses fêtes ne soient plus que des exécutions sanglantes , ou d'affreux souvenirs qui font frissonner la nature.

La seule idée de faire du supplice , même d'un criminel, un objet de divertissement, fut regardée à Rome, dans les beaux jours de la république , comme une lâcheté honteuse , comme une bassesse punissable , comme une inhumanité qui méritoit toute la sévérité de la censure, et l'ignominie d'une irrévocable dégradation (1). Si , une fois et en passant , faire de la mort d'un coupable condamné , un spectacle de joie , fut aux yeux du peuple romain, à une époque où ses sentimens étoient si nobles et si purs , un scandale , une infamie , un attentat contre la morale publique, l'auroit-il pu prévoir, ce peuple généreux , qu'une nation qui prétend disputer avec lui de grandeur et de gloire , consacreroit un jour par des fêtes publiques l'effusion du sang humain ; qu'elle offriroit chaque année avec pompe à tous les regards

____

(1) Caton le Censeur chassa ignominieusement du sénat L. Quinctius Flaminius , parce qu'étant consul il avoit fait exécuter au milieu d'un festin , un criminel . pour procurer aux convives le plaisir inhumain de voir mourir un homme. *T. Liv. l.* 39, *n°.* 42.

ou à toutes les pensées, l'epouvantable image d'une tête coupée , d'un corps ensanglanté tombant de l'echafaud ? Ah ! François , est-ce par ces dégoûtantes atrocités que vous vous flattez de faire revivre parmi vous la république romaine dans les jours de sa magnificence ?

Si nous voulons tout de bon établir ou consolider notre nouveau gouvernement , donnons-lui pour base les vertus mâles et douces, les sentimens sublimes et généreux , dont les anciens peuples nous ont laissé de si admirables leçons et de si touchans exemples. Dans les beaux jours de leurs republiques, les Grecs , après la victoire, érigeoient des trophées ; mais comme elle avoit été achetée du sang des hommes , ils se hâtoient , dès qu'ils avoient satisfait à ce qu'exigeoient d'eux l'honneur et la sûreté de leur patrie , de revenir aux inviolables sentimens de l'humanité. Ils vouloient que ces trophées ne fussent que d'une matiere fragile et peu durable , c'est-à-dire , de bois , afin que le temps les eût bientôt consumés ; et il étoit sévérement défendu de les rétablir. La raison qu'en donne Plutarque mérite bien l'attention de tous les gouvernemens ; c'est qu'après que le temps avoit détruit et effacé ces tristes monumens des dissentions qui avoient divisé les peuples , et des guerres qui les avoient désolés , c'eût été un acharnement de haine odieux et

barbare , que de songer à les rétablir de nouveau , pour perpétuer d'anciennes discordes ,
qu'on ne pouvoit trop tôt ensevelir dans un éternel oubli.

Si , aux yeux de l'humanité et d'une saine
philosophie , la guerre d'un peuple contre un
autre , même la plus juste , la plus indispensable,
la plus glorieuse , est une affreuse calamité ,
qu'elles voudroient pouvoir effacer de tous les
souvenirs ; pourquoi la vengeance même la plus
équitable du corps politique contre ses membres,
et sur-tout contre son chef , ne seroit-elle pas
un désastre aussi , la matiere d'un deuil universel , et non pas d'un triomphe ? Un membre
de l'association a-t-il eu le malheur de com-
mettre un crime , pour lequel la loi dit : qu'il
meure ; il faut bien que l'infortuné acquitte la
terrible dette qu'il a contractée envers la patrie. Mais a-t-il une fois payé de sa tête , la loi
est-elle satisfaite , la société vengée, et l'ordre ré-
tabli par la punition du délit : Là finit la colere de
la justice. Poursuivre le condamné au-delà du
trépas , perpétuer d'âge en âge sa honte et son
supplice , le replacer tous les ans sous la hache
du bourreau , est un rafinement de cruauté inoui
chez les hordes les plus barbares. Mais instituer
des fêtes pour consacrer la vengeance , pour la
transmettre aux races futures et la rendre éternelle,

c'est une démence, c'est une férocité, c'est une dépravation qui, avant la fête du 21 janvier, eût paru sans vraisemblance.

Qu'on me montre dans l'histoire de toutes les tyrannies anciennes et modernes, un seul exemple ou la moindre trace d'un pareil outrage fait aux loix de la nature et de l'humanité. Les Denys, les Phalaris, les Néron torturoient, égorgeoient, brûloient leurs victimes ; mais la pensée de consacrer un jour tous les ans au souvenir de leurs sanglantes exécutions, de commander à tout un peuple de célébrer par des fêtes et des réjouissances, le supplice des malheureux qu'ils avoient immolés à leurs caprices cruels, à leur farouche politique, ne s'offrit pas même à ces tyrans détestables. Une aussi horrible idée les eût épouvantés. Pourquoi faut-il que la France, sous le régime républicain, l'ait accueillie et mise en œuvre ?

Si cette infamie offense essentiellement la morale et l'humanité, combien est-elle contraire aux regles les plus communes d'une sage politique ? Vainement on voudroit se le dissimuler ; les désordres et les forfaits, multipliés sans mesure depuis la révolution, nous ont horriblement noircis dans l'esprit de toute l'Europe. *Le peuple* jusqu'ici réputé *le plus poli, le plus doux, le plus humain de l'univers* (1), n'est plus, depuis quelques années, aux yeux des autres nations, qu'une horde féroce et sanguinaire, pour qui le massacre est un jeu; et l'effusion du sang des hommes, une jouissance et un besoin.

C'est à toit, direz-vous, qu'on a pris de nous cette effroyable idée. Les cruautés qui ont ensanglanté presque tous les pas de la révolution, sont le crime, non du peuple françois, mais d'une bande d'impudens factieux et de lâches scélérats, qui se donnoient pour les organes de la nation, pour les interprètes de sa volonté, pour les dépositaires de ses pouvoirs, pour les ministres de ses justes vengeances. Tout ce qu'il y avoit de pur, de sage, d'honnête dans la nation, abhorroit les outrages sans nombre faits à la religion, à la justice, à l'humanité. Eh ! comment les bons citoyens auroient-ils applaudi à des horreurs dont ils étoient, ou dont ils pouvoient devenir à tout moment l'objet et la victime ?

Fort bien ! Mais nos ennemis ne sont, ni assez équitables ni assez désintéressés pour faire ce discernement. Ils mettent sur le compte de la nation tous les crimes commis sous ses yeux et dans son sein. Les moins passionnés et les moins injustes à son égard croient encore, que si l'on ne peut raison-

---

(1) J. J. Rousseau, Lettre à d'Alemb. sur les spect.

nablement lui imputer tous les forfaits de détail,
dont l'énumération n'auroit point de bornes, elle a
du moins, au milieu de tant de commotions vio-
lentes qui l'ont agitée, de tant d'événemens ex-
travagans et atroces, dont elle a été le théatre,
durant tant d'années, contracté un certain goût
de barbarie et de férocité, qui doit la faire détester de tous les autres peuples ; qu'elle a perdu
son antique caractere ; que sa douceur et son
urbanité ont été noyées pour toujours dans les
flots de sang versés sur toute la surface de la
France.

Cette opinion déshonorante, bien ou mal fondée, n'en est pas moins générale dans toute
l'Europe (1). Et qu'on ne m'oppose point ici
nos divers traités d'alliance ou de paix avec
plusieurs puissances. Ce n'est ni à la confiance,
ni à l'amitié que nous en sommes redevables,
mais à la terreur de nos armes, ou à l'intolérable
orgueil et à la mauvaise foi du plus acharné de
nos ennemis (2). Que serviroit-il de contester

------

(1) Elle paroît tomber un peu depuis quelque temps ;
et il ne nous est pas impossible de la faire évanouir
entièrement. Mais ce n'est pas en célébrant des fêtes,
comme celle du 21 janvier, que nous parviendrons à
décharger la France de l'opprobre qui pese sur elle.

(2) Sans les indignes procédés de l'Angleterre envers
l'Espagne, cette derniere puissance seroit encore dans la

cette triste vérité ? Par-tout nous sommes redou-tés et détestés.

Cela posé, je le demande : braverons-nous l'injurieuse opinion qu'ont prise de nous les au-tres peuples , leur haine sourde et profonde , qui subsistera après même qu'ils auront posé les armes ? Placerons-nous sur toutes nos frontie-res la fameuse devise de la tyrannie, *oderint ,* *dum metuant ?* Croirons-nous pouvoir nous suf-fire à nous-mêmes , et dédaigner impunément l'estime et la confiance des nations qui nous environnent ? Loin de nous une aussi déplo-rable vanité , une illusion aussi funeste! A cet égard , il en est des nations comme des indi-vidus. Nul homme n'est assez riche , assez fort, assez puissant pour se passer de l'estime et de la bienveillance de ses semblables , et pour braver sans danger tous les ressentimens. S'il est universellement haï et digne de l'être , il échouera dans toutes ses entreprises ; il ren-contrera à chaque pas des obstacles imprévus et insurmontables ; il succombera bientôt devant ses nombreux ennemis ; il finira toujours par être malheureux.

---

coalition. Pour s'en convaincre , il suffit de jetter les yeux sur le manifeste qui précede et motive sa déclaration de guerre contre la Grande Bretagne.

Le même sort attend une nation généralement détestée. Supposez-la aussi riche, aussi belliqueuse, aussi puissante qu'il vous plaira : si elle est, pour tous les autres peuples, un objet d'horreur et d'effroi ; si ses voisins l'abhorrent ; si les nations lointaines la haïssent, elle ne luttera pas long-temps avec succès contre cette aversion universelle. Elle éprouvera mille revers inattendus, sans avoir pu ni les détourner ni les prévoir. Les autres peuples croyant avoir un puissant intérêt à l'affoiblir, à l'accabler, à la détruire, y travailleront à l'envi, les uns avec éclat, les autres sourdement, tous avec assez de persévérance et d'activité pour l'exterminer tôt ou tard.

Or, il ne faut pas s'y tromper, un peuple sera universellement détesté, s'il est sans religion, s'il se joue des sermens, s'il est réputé féroce, cruel, ennemi de tous les autres. Malheureusement c'est sous ces traits hideux qu'on nous a peints dans l'Europe et au-delà. C'est cette persuasion, bien ou mal fondée, qui a soulevé contre nous tant de puissances, et nous a valu la guerre la plus furieuse dont les annales du monde nous aient transmis le souvenir.

Ce que nous avons donc de plus pressé à faire, n'est pas d'aller renverser des trônes, révolutionner des peuples, conquérir des provinces ; mais de regagner l'estime , la confiance , l'amitié des autres nations ; mais de désabuser l'Europe sur notre compte ; mais de détruire les préventions infamantes que la révolution a portées au loin et répandues de toutes parts contre le nom françois ; en un mot, de prouver à tous les peuples , non par des proclamations dérisoires ou mensongeres , mais par des faits éclatans, par une conduite soutenue , que si dans les terribles bouleversemens que nous venons de traverser, la douceur, la modération , la justice , l'humanité, le respect pour la religion ont paru s'éclipser un moment parmi nous, ces vertus vont y briller d'un éclat plus pur et plus constant, aussi-tôt que le calme de la paix aura succédé à une aussi violente tempête.

Mais quelle apparence de parvenir jamais à un but si désirable, de désabuser ou de rassurer les autres nations sur notre sujet, de leur faire reprendre à notre égard les sentimens dont nous avons un si pressant besoin , tant que nous souillerons notre nouveau régime par une fête qui fait frémir la nature , et qui est l'opprobre de l'humanité ; tant que nous insulterons les autres peuples , en vouant à l'exécration par des sermens redoutables , la forme de gouvernement qui a obtenu leur préférence ; tant

que , pleins d'orgueil pour nous-mêmes , de mépris pour les autres , nous croirons posséder
seuls la sagesse et la liberté ; tant que nous
ne verrons , que nous ferons du moins semblant
de ne voir ailleurs que des tyrans et des esclaves ;
et sur-tout tant que nous consacrerons par de
nouveaux décrets , que nous célébrerons par des
réjouissances publiques , un événement terrible , qui a fait frissonner l'Europe , et que la
prudence , que l'humanité , que la politique voudroient du moins couvrir pour toujours du voile
du silence et de l'oubli.

Pour en faire goûter le conseil aux François ,
je me garderai de leur proposer l'exemple de
nos voisins : on ne manqueroit pas de me ré-
pondre que ces orgueilleux insulaires, que ces
modernes Carthaginois , dont le moindre vice
est une haine éternelle contre ma patrie, sont
eux-mêmes trop dépravés pour servir de modele
à aucun peuple.

Mais peut-on , quand on a quelque zele pour
l'honneur de la France , se défendre d'un sentiment de regret et de honte , d'avoir, malgré tant
de jactance , si fort perdu de vue la douceur
et l'humanité de ce peuple fameux , dont nous
osons nous dire les rivaux ? Il eut pour la liberté l'amour le plus ardent , et pour la tyrannie l'horreur la plus profonde ; mais il fut

grand et magnanime jusques dans ses plus justes ressentimens. Jamais il n'oublia que la modération est plus utile, plus glorieuse cent fois
et sur-tout plus politique qu'une impétueuse
vengeance, qui fut toujours aux yeux du sage
un symptôme de foiblesse ou de méchanceté.
Ne pouvant plus supporter les excès d'un tyran
superbe, corrompu, cruel (1), il lui commande
de descendre du trône, le vomit de son sein,
le condamne lui et sa famille à un exil éternel. Mais il eût cru se déshonorer en trempant
ses mains dans le sang des Tarquins (2). Près

---

(1) Le lecteur voit assez, sans qu'on le dise, qu'en
rappellant ce trait de l'histoire ancienne, on est bien loin
de comparer la personne du dernier roi avec celle des
Tarquins. Seulement on rapproche de la conduite du
peuple romain, celle des représentans de la république françoise.

(2) « Ayant assemblé le peuple, les consuls renou-
vellerent et confirmerent la sentence qui condamnoit les
Tarquins à un exil perpétuel. Pour donner plus de poids
et de force à ces engagemens, on y joignit les cérémo-
nies de la religion ; on célebra des sacrifices ; et les consuls s'étant approchés de l'autel, jurerent pour eux,
pour leurs enfans, et pour toute leur postérité, qu'ils
ne rappelleroient jamais d'exil, ni Tarquin, ni ses enfans, ni personne de sa famille ; que les Romains ne
seroient plus jamais gouvernés par des rois; et qu'ils
ne souffriroient en aucun temps qu'on prît des mesures

d'un si noble usage du suprème pouvoir, que
la fête annuelle du 21 janvier est vile et digne
d'horreur !

S'il n'est pas en notre pouvoir de revenir sur
nos pas, de rappeller des époques qui ne sont
plus, de corriger ce qui est irréparable, de dé-
ployer avec plus de calme et de dignité les
droits de la nation et sa puissance, cessons
du moins de donner à l'Europe un spectacle,
dont la nature s'indigne, et qui ne peut qu'al-
lumer ou entretenir contre nous tant de hai-
nes. Que le 21 janvier ne soit plus un jour de
triomphe et d'alégresse : qu'il soit voué à un
éternel oubli.

Je ne crains pas le démenti en me donnant ici
pour l'organe de l'opinion générale. Le gros
de la nation a toujours détesté cette fête pré-
tendue nationale. On y a traîné, j'en conviens,
des commis, des employés, des fonctionnaires:
Placés entre la destitution et la misere d'une
part, l'honneur et le devoir de l'autre, la
plupart se sont argumentés eux-mêmes le mieux
qu'ils ont pu ; ils ont tâché de faire taire les
remords. Mais qui eût pu descendre au fond

---

pour les rétablir. Ainsi on ne se contenta pas de proscrire les rois, la royauté même fut proscrite ». *Hist.
Rom. T.* 1 , *p.* 288.

des consciences, et entendre le secret frémissement qui résonnoit de toutes parts dans cet
invisible sanctuaire, auroit bien vu qu'au milieu
d'une apparente alégresse , et d'applaudissemens
hypocrites , l'odieux anniversaire dont je parle
n'avoit remporté que l'horreur des gens de bien ,
les malédictions de tous les citoyens vertueux
et honnêtes.

F I N.